TEXTURAS POÉTICAS

RUMOR DE ARCILLA
Angélica Santa Olaya

MEMORIAL DE LAS BALLENAS
María Ángeles Pérez López

PERRILLA Y OTROS POEMAS
Kenia Cano

artepoética press

Nueva york, 2014

Title: *Texturas poéticas: Rumor de arcilla, Memorial de las ballenas & Perrilla y otros poemas (selección)*
ISBN-10: 1940075165
ISBN-13: 978-1-940075-16-7

Design: © Ana Paola González
Cover & Image: © Jhon Aguasaco
Editor in chief: Carlos Aguasaco
E-mail: carlos@artepoetica.com
Mail: 38-38 215 Place, Bayside, NY 11361, USA.

© *Rumor de arcilla*
Angélica Santa Olaya
© *Memorial de las ballenas*
María Ángeles Pérez López
© *Perrilla y otros poemas (selección)*
Kenia Cano
© *Texturas poéticas: Rumor de arcilla, Memorial de las ballenas & Poemas*, 2014 for this edition Artepoética Press

Índice

RUMOR DE ARCILLA

Angélica Santa Olaya

Dedicatoria

A los hombres y mujeres de Chiapas y de México que inspiraron este poemario en la multiplicación de los pasos con la poesía rezumante de su huella. Ojalá estas palabras pudieran sonreírles y recoger, tal vez, alguna lágrima dejada a la vera del camino. Porque somos -ellos y los otros, ellos y yo, ellos y nosotros; al fin y al cabo los mismos- soplos en busca de la flama, huesos que sueñan tocar la luz, trashumantes brazos tras el dulce olor de la levadura recién colocada en el efímero horno de la esperanza.

Abu Dhabi, diciembre, 2013.

AGRADECIMIENTOS

Gracias a mi amiga y colega Enzia Verduchi quien aceptó prologar este poemario regalándole su mirada sensible y generosa. Compañera escritora de enorme y templado corazón.

Gracias a Carlos Aguasaco quien ha tomado en sus manos la tarea de editar estos poemas —que comenzaron a ser escritos en 2004— con la fraternidad y entendimiento del hermano que sabe lo que es caminar lejos de la tierra para encontrarse. Carlos, te conocí en Huelva, España, en 2009 cuando aún no sabía que mis propios pasos se alejarían también de la tierra original para llegar a Oriente desde donde escribo hoy, diciembre de 2013, estas palabras. En espera de que este libro -que habla de ti, de mí y de nuestros hermanos- reúna, otra vez, nuestro destino en Nueva York. Uno nunca sabe donde terminará colocada la palabra que un día nace a la luz de algún despistado sol.

La fraternidad de los huérfanos

En una primera lectura, *Rumor de arcilla* de Angélica Santa Olaya pareciera un conjunto de instantáneas sobre diversos personajes, pero conforme nos vamos acercando a Juanita, Rosario, Juan Pablo, Ignacio, Angelina, Juan de Toniná, o Ulises Mestizo, nos adentramos a una realidad compartida.

Octavio Paz en *El laberinto de la soledad* dice que "Todos nuestros esfuerzos tienden a abolir a la soledad. Así, sentirse solos posee un doble significado: por una parte consiste en tener consciencia de sí; por la otra, en un deseo de salir de sí". Los poemas de Santa Olaya surgen a partir de esa *consciencia* y ese *deseo*, es una mirada profunda desde dentro y desde fuera a un mismo tiempo, sobre cómo nos ven los otros, cómo nos miramos a nosotros mismos y quienes somos en contexto.

Pasado y presente se entretejen en los equilibrados poemas de Santa Olaya, subraya y sugiere, no hay verso lineal ni tema observado desde el mismo plano, la voz se regodea en la tesitura del ritmo, ora mesurada ora contundente, para hacer suyo ese "rincón donde macerar los sueños", una cartografía trazada a partir de la esencia punzante y reveladora. De esta manera, *Rumor de arcilla* es un cruce de caminos, la fraternidad de los huérfanos.

Enzia Verduchi

Un pueblo de Chiapas (Fragmento)

"Ay, quieta voz del pueblo,
sencilla como el entierro de un niño,
como el sabor del agua,
como una campesina declaración de amor,
yo aquí parado ante el crepúsculo
te hermano con mi voz"

Enoch Cancino

Juanita

Juanita palmea lunas llenas
y amasa sueños frente al fogón

de sus labios escancia la risa
como un filo de agua
saltando del jarro

El comal y la niña
entibian con sus manos
la plaza de Zinacantán

"Click"
la llama una cámara
y encierra su sonrisa
entre cuatro esquinas

Sonajaflor,
eclipsa con tus pétalos
la magia artificial del extranjero
y su sol desechable
que no puede enjaular tu alegría.

J P
  U   A
   A   B
    N   L
     O

tiene alas, quiere volar al norte,
no sabe que allá escasean los frutos a la vera del camino,
quiere aprender inglés para que un turista lo lleve arriba.
Arriba, le digo, no hay dioses, el inframundo se cambió de casa:
Nueve jaguares hay acechando el laberinto,
felinos que aguardan al hombre y lo conducen al festín no compartido,
bestias que roen y devastan la semilla con su pútrido aliento de
murciélago.
Juan Pablo dice que en Ocosingo también hay jaurías emboscadas
cazando tzeltales mariposas.   Y callo.   Cosecha de garras exilia la
voz.

Reina

Sus manos desperezan el maíz
acunado en la entraña de la espiga.

La leña parlotea con el fuego
mientras los pechos se desbordan
al hervor de la sonrisa.

El espíritu de luz
se arropa con la niebla
y se arruma en los brazos del lago mayor.

Los tizones bostezan bajo la arcilla;
Sus ojillos refulgen en el quicio
donde Reina trasiega los recuerdos,

el maíz hecho carne
espolea la siesta del fogón,

la muerte tiene sueño,

el ojo cíclope
del bosque
se cierra
y el lago distiende
su cobija de cristal.

Mañana
las manos de Reina
parirán otra vez
redondas semillas
para sembrar el vientre
de los hijos del sol.

IGNACIO

En la pedregosa vigilia de los ancestros
dos gotas de ámbar
acarician el añoso palacio
donde descansan los guerreros
de corazones encendidos.

Desciende el candor de la resina;
lágrimas de luna llena
sobre los pies vetustos de la selva.

La luciérnaga corteja
con efímeras estrellas
los vestigios de Palenque;

majestuoso abrigo de pochotas
y aves de plumas cantarinas
por las que escurre
inquieto
el mediodía.

Hijo de la tierra:

Tus
abuelos,
Ik y Chaac,
no han muerto;
transitan tu mirada.

Mujer de sal

I
Notas que devoran la casa del polvo,
llanto que esquiva al Ojofuego
desde una líquida hoguera de palabras,

su voz desgarra muros
con uñas de diamante,
fuego que lame
desgastadas vísceras de arcilla y cal,

inmóviles testigos
de sonrisa apolillada
envejecen bajo empañados cristales.

II
Ella no escucha el rumor
que apresura el silencio
tras la señal de la cruz

Ella navega los aguajes
que habitan su cuerpo de maíz

Diosa tzotzil
que astilla con su canto
la piedra y su adjetivo

Mujer alada
que regurgita el corazón
en cuentas de armónica sal.

ANGELINA

*Para dos mariposas
y un negro colibrí*

La incandescente mariposa
bate sus alas de negra espuma
sobre el hálito de la semilla.

Su carne sonríe
con un alarido nocturno

que burbujea

por encima del rotar de manecillas.

Alrededor de la jaula
unas manos se crispan

y otras se abren
para abrazar el vuelo
que ahuyenta el grito de la noche.

Juan de Toniná

Bebiendo las esferas temblorosas de tu frente
te adentras en el laberinto

el tambor que golpea tu pecho
ensordece a los jaguares,

lenguas de limo abrazan tus piernas
antes de ofrecerte el colmillo de alabastro,

¿De dónde vienes y a dónde vas?
¿Cómo llegaste a la casa de piedra?

Cuando cruces la puerta de los mil cuchillos
y tus pies abandonen la escalera de las siete edades,

cuando la noche penetre tus poros
hambrientos de estrella
y el camino del sol
huya de tus pasos ardorosos,

cuando beses el polvo aletargado de otras guerras;
la piel como flor de torturados pétalos,

sabrás que el inframundo es la antesala
de los que juegan pelota con la luna.

Guerrero de sandalia ardiente, escucha:
La bestia que come luz aún no ha cerrado sus fauces...

ROSARIO

Nenúfar de soleado acíbar
trashumas el vaivén de la marimba
para anidar tu embrión en la piedra
que abraza el polvo amordazado.

Dos atalayas
guiñan el ojo al horizonte
en que desgranas la mirada;
vigías de altivos pezones
oteando el ombligo moro de Comitán.

                                        e
                                      u
                                    g
                                  r
                                e
                              y
                          se
            Tu voz

Madura caña te arbolas
mientras una constelación de poemas
engarza tu rebelde galaxia de silencios.

Jaime

"A las 16:20 horas se quedó solo el poeta",

pero él   ya conocía el minuto veinte...

Al arribo del primer segundo
en que los labios despiertan
al acre sabor del paraíso
el poeta ofrenda la sangre
girando en el tiempo redondo
sólo para alimentar la piedra.

En el minuto uno
el grito campanea su llegada
y aspira el vacío
que augura la existencia.

A las *16 horas* la sal escurre
desde el párpado impaciente de una manecilla

       -tic-tacs lanzados al camino
       por la mano que multiplica
       más lágrimas que peces-

el poeta sabe *de cierto*
que la sangre trashuma con el hombre a cuestas
y el río no se detiene a contar guijarros

por eso
no se entristece   ni llora
cuando *al minuto veinte*
lo dejan solo,

y con una brizna de hierba
escribe en el lienzo de su nueva casa:

Es hora de alimentar el salmo
en que discurren los huesos
renunciando al cobijo de la caparazón.

La medusa de tentáculos dorados
ofrece el oído atento
a la metáfora que incendia
el último pliegue del poema.

A las 16:20 el poeta se queda

otra vez
        solo

con la voz agarrada de uñas al silencio
en una tarde de líquidos adioses…

Los versos arropando
con amorosa paciencia
las *sales y* los *soles.*

El rayo de luz descansa sobre los pies desnudos

y el viento
        con su vaho de menta

anima la mano del creador
-libre al fin de ásperos remedios y dolores-
para ungir con savia
las hojas que despiertan a la nueva era

y paladear *con ganas*

    sin testigos ni alborotos
    la discreta y prorrogada
    tan llevada y tan traída

soledad

Niño de sol, niño de fuego

Dos frutas aroman el cuenco de tus manos y
y encienden los núbiles luceros de tus ojos.

Sonríes
y el sol repta sobre la piel del fusil
que te vigila atento.

Niño de sol,
las guayabas tienen la piel suave,
saben a pan con jalea,
huelen a patio recién mojado
y se arrullan a la sombra de la hamaca
en que meciste
alguna vez los sueños.

¿Podrán tus manos soportar un día
las rígidas estrías de la granada?

¿Podrán tus mejillas trocar ese rubor infante
por el rojo dolor de tus hermanos?

Niño de fuego,
el día de la virulenta palabra
te acecha...
escondido entre las ceibas.

Retén militar, Acala, Chiapas, 2004.

Matemáticas insuficientes para Ulises mestizo

1, 2, 3, 4 estaciones;
bajar en la 49
y andar cuadra y media
bajo la lluvia.

1, 2, 3, 4 mesas por servir;
escarbar en el cansancio
y sacar al aire la sonrisa
que asegure el *tip*.

1, 2, 3, 4 horas;
pasar y repasar diez metros
cien o doscientas veces
hasta la cocina.

1, 2, 3, 4 cafés
y el olor a pistache
y cordero joven
perfumando la noche.

1, 2, 3, 4 años
sin probar mezcal
ni caricia de madre o novia
que opaque la miel de una *backlava*.

1, 2, 3, 4 recuerdos
atraviesan la niebla de Manhattan
para acurrucarse
bajo las faldas de un domingo
en el parque de Huajuapan.

-Aferrado a una sombrilla
que el viento le arrebata
navega Ulises los mares del recuerdo-

1, 2, 3, 4 dólares
no alcanzan
para comprar una cobija
del tamaño de la nostalgia.

La mirada se humedece
al otro lado de la puerta.

- *"Hey guy"*, le llaman:
Y regresa sin haber tocado tierra,
hace doble nudo al corazón
y suelta el ancla a la sonrisa.

1,2, 3, 4...
Ulises griego regresó a los diez.

Mienten los que dicen
que el tiempo se pasa volando
y que un cordero basta
para arreglar el mundo.

Nueva York, 2008

Entre la piedra y la flor

(Fragmento)

¿Qué tierra es ésta?
¿Qué violencias germinan
bajo su pétrea cáscara,
qué obstinación de fuego ya frío,
años y años como saliva que se acumula
y se endurece y se aguza en púas?

Octavio Paz

SUMIDERO

La serpiente de jade
se distiende sobre líquidas estrellas
y la ceiba deshoja sus lunares
en el espejo azul del amnios,

el cordón de la vida corre sin amarras

soleados granos de arena
discurrimos entre los dedos añosos
del cronólogo mayor,

el corazón de barro se diluye
y duerme en el regazo pedregoso de la bestia.

La tierra vomitó a sus hijos en la casa de agua;
lugar de la sierpe que arrastra
el cristalino cascabel de huesos rotos.

Voz mayense que interroga al éter,
grito de agua que pervive al castigo forastero.

Balsas

"Una vela estremecida en el horizonte,
que, por su pequeñez y aislamiento,
imita mi irremediable existencia..."
Charles Baudelaire

Imberbes aprendices de estrella,
las almas errantes se guardan
bajo el roble
que declina la senil cabeza.

En el oscuro telón
comparten su casa las barcas
y los guardianes de los desamparados.

Con el frío hasta la médula del hueso
navegamos con la luz apagada;
todos en la misma laguna,
puñados de arcilla
entre lluvia de tizones.

Balsas perdidas en la bruma...
dolientes maderos habitando la nada…

débiles destellos buscando al incierto navegante
que nos conforta con el propio y desvalido reflejo;

hálitos de seda en caja de cristal.

Mixteca

Para asolearse
como una muchacha
olorosa a pan de canela y chocolate
la sierra se recuesta sobre la llanura.

Sus pechos florecidos
apuntan al techofuego
que le planta un beso blanco
en el pezón de jade.

Para adornar sus trenzas
las nubes desgajan sus copos
en la rama del cosahuate.

Para colorear sus mejillas
el sol se pincha la sonrisa
derramando rojos besos
en la piel de la mixteca.

Oaxaca, 2005.

FRONTERA

En el campo,
el arado se descama
bajo el sol doliente,

arrumbado en el pajar
mira pasar los días.

En la frontera,
un trapo que persigue
migajas de hamburguesa
ha usurpado su sitio.

Tijuana, 2003.

CON ELEGANCIA

La rama tirita descalza
bajo los brazos del agua
que ha dejado el hogar
para visitar las calles
de la gran manzana

las costras desorilladas
visten el fuste
y gimen como cucarachas
a las que se arranca el ala

hojuelas de afiladas lenguas
han doblegado la espalda
reumática y afiebrada
bajo los labios del viento

colectivos fantasmas
arropan la piel del carbón
congregado en la cueva
de las mil floraciones.

Ahí se gestan
los enrojecidos párpados
de un feto apuntalado
con simétricos huesos

adoloridas láminas añales
y lunarcientas manos de papel
-copadas de frío-
las falanges se acurrucan

bajo un desconcertado
sombrero de fieltro
que apenas cubre
las esperanzas…

El mar escupe
su cadavérica cortina
sobre las arterias
arrugadas de la tierra
vistiendo de *soirée*
los brazos de la muerte
que cambia de hombre
como de zapatos
mientras contonea
su anoréxica pelvis
por la quinta avenida

Nueva York, 2006

MI GENTE

Heno que abraza la rama
en el parco refugio del tzenzontle

tu lengua de gamuza
urde precario ardid contra el abismo
vistes de terciopelo
los caminos flacos

forraje de bestias
alimento de insaciables barrigas

piel de cactus que esconde sus blanduras
bajo correoso vestido de jade,

aburrida esperanza
que se seca en los despeñaderos
de un discurso de huecos bolsillos
y desmedidas apetencias
de a dólar la promesa.

MONEDAS

El ojo avizor se esconde en las aguas de plata,
presunta cara de una moneda sin oro
brillante como la sonrisa abierta del sol.

Dorado ombligo que viaja de una mano a otra
porque cree que esa es la vida,
arrojar el sudor de las pieles
en la entraña del centavo trashumante.

Rodar, intentar pagar alguna deuda sin reparo,
evadir a veces las cadenas de la carne
que no se tienta el corazón para donar
el último reflejo luminoso,

escapar de un bolsillo agujereado
para demostrar que aún se puede rodar
sobre el canto ya sin muescas
la danza embriagadora de la muerte,

olvidar la vertical para
terminar de cara al suelo
y aprender a esperar los dedos
que abrirán la puerta
disparando el enhiesto vuelo del azar...

Pero la horizontal también es mentira...

en el resquicio fúnebre de la pisada
está la espada que rebana la lengua del dragón,
la cara que besa el aire o hinca la rodilla en tierra

ignorando el recinto del fuego en los adentros,

por eso el rostro en la moneda sonríe sin recato
en babeante identificación de dientes
sin saber que al otro lado también le falta un ojo,

y ahí van los dos cíclopes,
espalda con espalda
compartiendo oscuridades,
nutriéndose a ciegas del mismo metálico entresijo,

ahí van turnándose la vista al cielo
al acecho de encarnados laberintos
que accionen el interruptor con presta uña,

vértice de bronce que perfila
la espiral que no compra ni vende nada
excepto los sangrientos jugos
que alimentan la matriz de la historia.

LA CREACIÓN

Y Dios le regaló al hombre:
dos faros para alumbrar las piedras,
una nariz para encontrar el hogar;
una lengua para saborear manzanas;
dos pies para llegar a los otros
y diez dedos para consolarlos.

Con esos dedos, el hombre
horadó la vagina de la tierra
y sembró la semilla,
fabricó el pan,
lo llevó a su boca
y formó un cuenco para beber,

construyó una casa
y una silla.

Un día se olvidó del surco
y comió la hogaza que
sus dedos no moldearon.

Para defender la silla
afiló el metal
y otro día
con la mano que bendijo al crío
mató a su hermano...

la sangre
y el brillo del oro
cegaron sus ojos

y el hombre no pudo ver
que su dios

y él mismo
estaban en aquellos huesos.

Rocío

Oasis de cristal,
el mundo se mira redondo
en tu espejo de luces azoradas,

sudor de sol
que deslumbra a la libélula,

en el vientre de líquida lupa
tu corazón todo lo inflama,

pezón de prismático núcleo
desnuda gota de semen,

origen y alimento del gigante
que apura el paso tras la tormenta
ignorando la cuna del cigoto
que esculpió su cuerpo de agua.

Es necesario...

un muro que sostenga los primeros pasos,
un rincón donde macerar los sueños,
un botiquín lleno de antisépticos
para curar heridas en rodillas y corazones,
un suelo firme sobre el cual reedificar el orgullo,
la puerta que separe el llanto del olvido
y conozca el instante preciso del ceder.

Una cocina con un plato de sopa a la espera
para remojar el desgano al regresar del trabajo,
una sala grande que abrace a los amigos
y desarrugue su falda para bailar, cantar
y recomponer el mundo con dos tequilas
y tres canciones de José Alfredo que refresquen el alma,
una ventana donde habite un árbol
para esperar a diario los ojos que destejen la fatiga,
un jardín que albergue una higuera
bordada de pájaros para leer a Neruda bajo su sombra.

Una habitación *limpia y bien iluminada,*
un blando lecho
y un sillón junto a la ventana
para recordar
el muro que sostuvo los primeros pasos
y el rincón donde macerábamos los sueños.

Me declaro culpable

de intentar
-a veces-
caminar con una venda de alas
en los descarriados ojos.

Culpable de sonreír
-a ratos-
y buscar almendras y arándanos frescos
para adornar el quicio de mi ventana
mientras los arteros mercaderes del grito
se lavan los bolsillos con la sangre de ancianos,
mujeres y niños inocentes al otro lado del mundo:
Egipto, Siria, Palestina, Chiapas, Argentina,
Michoacán, España, Cd Juárez, por ejemplo...

Me declaro culpable
de escribir con la mano entera
cuando hay un sitio -que no veo, pero existe-
donde alguna cabeza rueda
bajo las garras de algún buitre.

Me declaro culpable de vivir
comiendo, bailando, latiendo...
en este caldero de cenizas al que damos vuelta
una y otra vez
con la endeble cuchara del verbo.

Nada más interminablemente
culpable -y triste-
que la palabra protegiendo
a un vulnerable ser
con ganas de preservar la sonrisa...

¿Y si...

hoy le arrancamos
de un solo tirón
la sonrisa al miedo?

¿Y si
nos tiramos de bruces
a buscarle pecas
a las hormigas?

¿Y si
colgamos el llanto
en el primer rayo de sol
que entre por la ventana?

¿Y si
abrimos al azar ese libro
que sin pudores ni arengas
nos extiende la mirada?

¿Y si
descansamos
en el cáliz de la sorpresa
el raído saco de los días dormidos?

¿Y si
dejamos
de una vez por todas
los tal vez, los quizás,
los no aún todavía
para saborear un pétalo de luz?

¿Y si Sí?
¿Sí?...

Biografía de la autora

Angélica Santa Olaya nació en 1962 en la ciudad de México. Es licenciada en Periodismo y Comunicación Colectiva, con mención honorífica por la ENEP Acatlán, UNAM y Maestra en Historia y Etnohistoria, con mención honorífica por la Escuela Nacional de Antropología e Historia (ENAH). Becaria del Consejo Nacional para el Consejo de la Ciencia y la Tecnología (CONACYT) programa 2008-2010 con la tesis "Futuros vasallos de la monarquía española. Textos para niños novohispanos en la segunda mitad del siglo XVIII". Egresada de la Escuela de Escritores de la Sociedad General de Escritores de México (SOGEM). Ha trabajado en radio, televisión y prensa escrita. Ha participado en diversos encuentros literarios en México, Argentina, Brasil, España, Cuba y Uruguay. Ha sido publicada en numerosas antologías latino e iberoamericanas de cuento, poesía y teatro. Autora de *Habitar el tiempo* (Editorial Tintanueva, México, 2005); *Miro la tarde* (Editorial La Rana, Guanajuato, 2006); *El Sollozo* (Ed. Tintanueva, México, 2006); *Dedos de agua* (Ed. Tintanueva, México, 2006); *El lado oscuro del espejo* (Editorial La Bohemia, Argentina, 2007), *Del aprendizaje del aire* (Editorial Fivestar, Brasil, 2009) como traductora en coautoría con Tanussi Cardoso y Leo Lobos y *Árbol de la Esperanza* (miCielo Ediciones, México, 2011, 1ª. Edición / Catarsis Literaria El Drenaje, México, 2011, 2ª. Edición Antaura Ediciones, España, 2013, 3ª. Edición ebook); *Sala de Esperas* (Eterno Femenino Ediciones, México, 2012) y *De Leyenda* (Rojo Siena Editorial, México, 2013). Su obra ha sido traducida al rumano, portugués, catalán, italiano y árabe. Su obra poética y dramática ha sido expuesta en el Museo Nacional de Arte de la ciudad de México (MUNAL) así como en exposiciones públicas en los andenes del Sistema de Transporte Colectivo Metro (diciembre 2012) y Metrobús (febrero 2008) de la ciudad de México. Es profesora de la Escuela Nacional de Antropología e Historia (ENAH) y de la Universidad del Claustro de Sor Juana. Miembro del Círculo Internacional de Literatura Vanguardista LALUPE.

MEMORIAL DE LAS BALLENAS

María Ángeles Pérez López

Memorial de las ballenas

Siempre imagino las ballenas como inmensos cetáceos de color rojo porque cuando pienso en ellas, pienso en la lengua varada junto a los dientes, incapaz de decir lo que quiere decir. A menudo mi lengua no recuerda su parentesco con el mar y queda encallada en las orillas del cielo de la boca, sensata en su silencio doloroso. Este *Memorial* quiere ser la anotación, en forma de diario, de aquellos días en los que las ballenas se acercaron hasta las costas de la ciudad de interior en la que vivo. Pude verlas desde las azoteas en las que el corazón y el lenguaje imaginan poemas como cetáceos rojos; pude volver a verlas cuando esta antología de Nueva York me dio la oportunidad alegre de subir a sus terrazas y rascacielos. En todos los casos, las ballenas, esas palabras que se resisten y sin embargo el poeta persigue como un cazador obsesivo, emiten sonidos con los que se comunican a distancias enormes. Cantan pausada e intensamente en el interior del silencio anchísimo del mar y al hacerlo, anotan sus pesares, sus días, sus razones. La principal es la búsqueda misma del canto, la vocación metapoética de los animales que alguna vez fueron nuestros parientes.

Durante las migraciones de primavera y otoño, son atisbadas desde la lejanía. Sin embargo, su búsqueda se hizo más aguda en los días de frío: del 1 de octubre al 2 de marzo, las perseguí en este *Memorial* que se abre con el mes de octubre para el libro *Tratado sobre la geografía del desastre* (1997), sigue en noviembre con *La sola materia* (1998), diciembre con *El ángel de la ira* (1999), enero con *Carnalidad del frío* (2000), febrero con *La ausente* (2004) y marzo con *Atavío y puñal* (2012).

Los días empeñados –dieciséis jornadas de frío, desesperanza y energía en el mar, una por cada poema– no fueron suficientes. Las ballenas no se dejan atrapar. Lo saben bien los cazadores y los poetas.

He ahí un muestrario de voces imperfectas:
hay palabras como cristal mascado lentamente
y pedazos de lengua irrespirable
como un puñal de soles, y los sueños de espejo
en muchas de las bocas,
pero en la noche no necesito guía para tus muslos
ni el mapa de esas venas diminutas
ni distinguir los diversos acentos de cada diente,
pues me crece un intenso sabor de geografía.

(1 de octubre)

Podría ahora,
mientras un hombre duerme aquí a mi orilla,
remontarme por el río de la sangre
hasta la piedra primera de mi especie,
hasta el vértigo inicial de una mujer ceñida
por los signos, apenas descifrables,
que fueron roturados en su cuerpo.
Mi madre, y la suya, y la suya de la suya,
se agachan despacio y miran en silencio,
se acuclillan despacio.
La mujer que es primera de mi genealogía
calienta en su entraña aquello que rezumo:
la tintura más roja de la sangre,
el ocre de la piel sobre sí vuelta
hasta alargar las manos y el deseo,
ese blanco sin adjetivos de las lágrimas
o la leche que nace por sí sola.
La palabra es una excrecencia más tardía,
no nos ha sido dada por igual,
ni siquiera en mi origen más cercano
se encuentra el don de hablar y conjurar la muerte.

Por eso estoy condenada a nombrarlas a todas.

(2 de octubre)

Para las hojas de papel sobre la mesa
no queda más camino que el final
del polvo, de la ruina.
Ellas lo saben, también yo soy consciente
del paso de la tinta
por los complicados vericuetos de la historia
–así, minúscula, humillada–,
por los márgenes de piel con que se encuentra,
por el espacio angosto del camión, de la fábrica
hasta desembocar en el vacío sonoro,
en el blanco impertérrito
del comienzo del mundo, y su poder.
Pero mientras que andan por la casa,
las hojas de papel recorren los lugares
determinados de antemano para su uso:
el cubil oscuro y redomado de la memoria,
el revistero abotargado de sí mismo
o la costumbre de nombrar lo que está lejos.
Antes de recoger con método, con orden
las cartas, los diarios, las revistas,
los folletos de la salud o la abundancia,
los recibos preñados de otros tantos,
los trozos de papel, garabatos queridos,
siempre temo que queden sus palabras flotando
en el aire impreciso de finales de octubre,
por si fuesen como árboles caducos,
desprendidos
y atroces
en la generosa entrega de su carnalidad.

(1 de noviembre)

Hay días en que sueño con escribir un libro
sobre cómo desprenderse de las cosas
y evitar el recuerdo del abridor de cartas
mellado por el golpe de una mala noticia,
también el del separador de poemas de tela
que vino por el mar y cruzó medio mundo
para asfixiarse en el exceso
o en el delirio.

Porque por la casa se congregan
las cosas más extrañas,
impensables,
que fueron poblando los cajones
y perdiendo sus señas,
la silueta inviolable
de ser uno y distinto, diferente
al alfiler, la piedra o la entrevista
en papel cartoné que amarillea
mientras nuevos objetos,
imprudentes,
aguardan en el soplo translúcido, voraz,
y se queda sonando en la memoria
la misma melodía para el frío,
para la sal oculta de la escarcha.

Podría ser tan útil
enseñar a evitar los montones de cosas
con su infinita historia inquebrantable,
con su furor privado,
con su cólera también,
con su soberbia.
Y así hasta emborronar los nombres, los colores,
el tiento, la consistencia o la vibración del aire
cuando ruedan hacia el suelo, se desmigan,
deshacen su epopeya sin honor
y sin gloria.

(2 de noviembre)

Creciendo paso a paso,
moviéndose en la sangre,
avanzando despacio por entre las arcadas
de arterias silenciosas
en la feroz propulsión de la energía,
como un légamo gris y enmarañado
que sopla por la flauta del oído
el aliento enfermizo de sí, de su pobreza,

como un pájaro oscuro entre los dos pulmones,
el estómago, sus vueltas desde dentro del cuerpo,
reventado en la pelea desigual
de hacerse un hueco para cantar un canto
que no sea inaudible,
que haga temblar primero a las rodillas,
después a los mineros,
a los encarcelados
y a los que santifican los domingos,
a los insobornables y su esencia
podrida como un cántaro de mierda,
un canto como un grito como un trueno
inflexible y furioso en su latido,
una voz desde el día de la ira
para prenderle fuego a la historia excesiva
de toda esta amargura que no desaparece,
para quemarse así en su propia violencia,

porque si hay que morir al menos elijamos.

(1 de diciembre)

Cuando estoy ante la hoja de papel
y pienso que la tinta la fecunda,
la ensucia felizmente con su esperma
oscuro y rumoroso como el agua,
me siento tan inútil e incapaz
mirando la fiereza del amor
de otros versos escritos desde antes
que apenas malamente si me sirven;
tan sólo es que conozco la teoría
de una parte del libro que alimento
pero a partir de ahí el camino está
sin marcas ni cercado ni balido,
la soledad es mía y sólo mía,
las letras más oscuras las escribo
con el aire que expulsan mis pulmones
y es mía la silbante desazón
con que pronuncio sitios y personas
si ya crecí y no puedo sostenerme
y estoy mirando sola el alfabeto
para ver cómo horada sobre el aire,
sobre el cuerpo del tiempo en el que soy,
estelas o señales demoradas.
Por eso mi mirada no es ingenua
o sólo en ese resto de primaria
y soleada picazón de la alegría,
porque gané y me hice poseedora
de la zona de sombra incuestionable
con que las cosas miran a la muerte.
También de la torpeza con que miran
el sol y su calor en primavera
si llegan los manzanos a traerme
el corcho del sabor ya restallado
como un licor ardiendo en el empeño
inútil e insensato de construir,
de armar un edificio de cristal
para atrapar la sombra de ceniza,
rescoldo que dejamos en el aire.

(1 de enero)

Cómo volver a escribir sobre lo mismo
si todas las palabras que articulo
desde el alveolo azul de los quebrantos
están viejas, podridas, polvorientas,
se anudan a su propio pañuelo enmohecido
y se ocultan, oscuras e imposibles,
llagadas por el tiempo de la herida,
desde entonces tan torpes, imperfectas.

Porque busco otra cosa y no la encuentro,
un verbo luminoso para quemar la tarde,
que de pronto sea todo insensato amarillo,
que venga nuestra gente en la luz incendiada,
en la espita feliz de todas las burbujas
subiendo como locas, divertidas,
a respirar septiembre que es un nombre insensible
y no sabe que guarda el hueco de la pérdida,
que venga nuestra gente y que se quede
a merendar un sol como un relámpago
duradero, eso sí,
que sea duradero.

Sobre todo que sea duradero.

(2 de enero)

A veces la lengua se nos queda pegada
de tanto atravesar el mismo sitio
sin poder situarse para decir vocales,
sin poder arquearse como una piedra limpia
con su arista,
sin las letras rumorosas para rozar la piel
del cartílago dulce del oído
de alguien que es nuestro cómplice y ternura
para decirnos hola, qué es lo que andas haciendo,
te espero como al agua, como al pan amasado,
como al tiempo que entrega su abundancia.

Ocurre que a menudo la lengua no se acuerda
ni de su parentesco con el mar
y se queda varada en las orillas
del cielo de la boca, de los dientes
pues no vienen las viejas consonantes
a reclamar el próximo combate,
ajadas como cuerpos en el sueño,
y cuando vienen arrastran los pies, se descalabran,
caen de sí mismas
y al final ni se animan a pedir nueva audiencia.

Ocultas y andrajosas
se quedan en silencio.
Entonces nos devora la condena.

(3 de enero)

De pronto una palabra nos asalta,
se nos queda rondando impertinente,
se sienta en el ombligo de la lengua
y borra la memoria de las otras.
Si es la palabra agravio, se nos queda instalada
en el mueble central del paladar
y las siete minúsculas letras que la forman
derrochan la profunda dimensión del sonido,
consumen todo el aire indispensable
para decir completo el alfabeto,
para hacer una lista de las enciclopedias,
para nombrar de forma infinita el amor.
Y esos siete silbidos del vocablo
me siguen como perros en las horas
en que el rencor amuebla mis rincones
y atrae a su cortejo la palabra desastre,
la palabra fracaso, o bien la floración
pero sólo si viene junto a su rotura
como el caso acaecido del verde vegetal
de un geranio caído contra el suelo,
más fuera ya de sí que de nosotros,
a punto de la savia enternecida
por lágrimas que son como de escarcha
porque vienen del más frío aposento
del corazón, allí donde la sangre
se estanca y se deshace devastada.
El tronco vegetal del alfabeto,
el de la vida rota algunas veces
nombra entonces la misma desazón.

(4 de enero)

Para escribir un poema que sea pleno de amor,
incendiado en sus sílabas de escarcha,
puedo releer los libros que conozco
donde alguien tocó nuestra eterna raíz
midiendo la distancia que va del cuerpo al cuerpo
—oh pelea desigual y ensangrentada
de la que no saldremos nunca indemnes,
mordido el corazón en su mismísimo centro—.
Porque bailo despacio un baile repetido
y así me vuelvo junco como otra de las muchas
mujeres, de las niñas, las ancianas
que están antes de mí, las que vendrán
a acariciar tu sexo estremecido
esperando encontrar inigualable
cada una en su señal, en su contorno
el gesto primordial de nuestra dicha.
Porque es común el peso en las caderas
que nos hace movernos, concebir,
guardar el surco de agua que trae el viento.
Es en serio que nada necesito,
la bibliografía podría ser escasa
y yo te tocaría igual cada minuto
aunque hubiese perdido el alfabeto,
el habla del primate vuelto hombre
y espacio vertebral en la belleza.
Apenas me hacen falta las dos manos
para escribir sin tinta ni agonía
el rasgo corporal del pergamino.

(5 de enero)

Hasta el poema llegan, como islotes
de óxido y de plancton celular,
los restos silenciosos del naufragio
en que quedan los barcos y los hombres
tras el amor intenso, el oleaje
que levanta su proa y la sumerge
al fondo de la mar y sus caballos.
Las caracolas guardan su rumor,
la lentitud sombría en que los peces
desnudos se acomodan a morir
y vuelven cristalina su belleza
de fósil, su armadura transparente,
su vertical caída hasta el silencio
en que el fondo del mar guarda la espuma
que levantó el deseo y las mareas.
En su abisal distancia deslenguada,
amor y mar comparten varias letras
y la raíz mojada por la sal
empapa cada signo tras su empeño
por la coloración y el frenesí.
La boca humedecida, la entretela
del cuerpo y sus humores ablandados,
las veintisiete letras rezumadas
por la líquida masa del amor
después se vuelven piedra quebradiza,
astilla y fósil blanco en su rescoldo,
su agalla enrojecida en el vivir.

(1 de febrero)

Cuando alguien dice luna y se sonríe
que no crea que inventa la palabra,
que no se regodee en el latido
de la lengua creciéndole en la boca
como un cetáceo rojo y abisal.
Ella está afuera, es carne de su carne,
no habita ni se asienta entre nosotros,
se pertenece a sí, nada le incumbe
la vibración carnal de los fonemas.
Por más delicadeza en cada gesto,
el que asienta las cuerdas musicales
sobre el violín templado por el habla,
ella está arriba y no nos pertenece,
tampoco a cada niño que trastorna
su aprendizaje lento y laborioso
y descubre esas letras encendidas
contra la noche inmensa, dilatada.
El nombre es sólo un golpe de humedad,
un trazo de saliva y de calor
que empapa a quien se busca y reconoce
en el pulso de su animal varado.
Aun cuando no podamos mencionarla,
atónitos de pronto en la secuencia
del signo enmudecido y de su sombra,
aun cuando no sepamos escribir
las cuatro pequeñísimas partículas
de aire ennegrecido por la tinta,
ella es ajena a su propio relumbre,
al canto y floración de las mareas,
al nombre como un gesto del amor
con su escarcha de luz y su derrota.

(2 de febrero)

La boca, ese animal sobre la cara
que duerme acomodado de pereza,
la lengua, una flor muerta, una hoja muerta
que quedó sepultada bajo el musgo
y olvida su tersura y su color,
la entraña en que el lenguaje nos posee
y sangra su placenta malherida
por el empeño en ser no imperceptible,
no torpe, no entregado a los silencios,
no estupefacto siempre en cada letra,
no acariciando lento el tenedor
para buscar despacio el asidero
con que emprender el viaje de retorno.
La boca como vientre penetrado
que esconde sobre sí las aflicciones,
su larga parentela de sonidos
que no saben decirle no a la muerte,
los dientes, sus alveolos ablandados
alimentando el don de la torpeza,
y el cielo de la boca, el paladar
para sentir la dura deglución
en que amargan de pronto los duraznos
si quedaron los nombres sin decir
y vino su recuerdo del despojo.
La boca, ese animal sobre la cara.

(3 de febrero)

Conozco la metáfora del grito,
la que rompe la boca, descerraja
un tiro entre los dientes y la lengua
y la deja excedida e imposible
como una flor oscura en el ojal.
Inclusive en los libros olvidados
—en traslación febril del signo al signo—,
ocurre que a menudo las palabras
desmigan la tibieza de la tarde,
violentan el estuche de los días,
la alquitara caliente del afecto
en que fermenta el tiempo y su uva negra.
La palabra ambulancia, su ofertorio
grita de forma aguda y malsonante,
estrecha contra sí la complacida
esfera de cristal para las horas,
discute la ablación de las muchachas
y descoloca el eje de la tierra
si creímos ser nuestro ese dolor
que viajaba en la tarde, y que venían
a dármelo, a entregármelo en el nombre
que me dieron los padres al comienzo.
Si es la palabra hermana, o descosido
por la herida tiñendo los lapachos
con su flor encendida en la memoria,
la boca se atormenta para ser
el centro en que descansan las encinas,
la piedra que se enfrenta a su aflicción.

(4 de febrero)

La mujer sueña un día de avellanas
y se unta el cuerpo en savia como leche.
Después se lame con la boca entera
convertida en hocico de tapir,
herbívoro paciente y silencioso
que es lento en el amor y en las ortigas.
En la mujer, sobre su lomo ágil
se posa el pajarito que miniaron
los monjes medievales en los libros
para medir el tiempo y sus azares,
y guarda en equilibrio y timidez
la tarde y su palito de avellano.

El otro animal tímido, el tapir,
como antiguo y feliz perisodáctilo
gasta oficio y canción de mansedumbre
que convierte la piel en pergamino
y al lamerla con fuerza, con coraje,
borra el pelo, la risa, las heridas,
la anónima memoria celular
del pliego en su inocencia y su blancura.
Cuando crece el tapir, se decolora,
su piel se va volviendo transparencia
en que el papel inventa las palabras
también como una herida de cristal
que la mujer escribe con su hocico,
su lengua de mamífera lamiendo
el tiempo y sus esquirlas, su color.

(1 de marzo)

Las palabras que masca la mujer
son lodo desplazándose en la boca
como un tsunami sucio y no lejano.
Entra y sale la furia sin esquinas
y los dientes se atoran, dificultan,
tropiezan con neumáticos y cuerpos,
con porciones minúsculas de fe.
El mar muerde su lengua hasta que sangra
y después del derrumbe, la imprudencia,
la cólera arrasada por la espuma,
se duerme serenísimo y feliz
como un niño agotado de correr
tras las gaviotas blancas y carnívoras.

Las palabras que masca la mujer
son lodo resbalando por su cuerpo
como un tsunami sucio y no lejano.
Cuando ella recompone el corazón,
su pelo desgajado que las algas
han cosido de verde y de violencia,
las piernas como versos heptasílabos
de un haikú lacerado en su mitad
y mudo en la mudez de cinco tonos,
separa de su piel los peces muertos,
las escamas doradas de las carpas,
el amianto adherido a su dolor.

De su concha sin nácar ni coral
brota entera y desnuda la mujer
como Venus ajada y resurgida.

(2 de marzo)

Biografía de la autora

María Ángeles Pérez López (Valladolid, España, 1967). Poeta y profesora titular de Literatura Hispanoamericana en la Universidad de Salamanca. Ha publicado los libros *Tratado sobre la geografía del desastre* (México, Universidad Autónoma de México, 1997), *La sola materia* (Alicante, Aguaclara, 1998), *Carnalidad del frío* (Sevilla, Algaida, 2000), *La ausente* (Cáceres, Institución Cultural "El Brocense", 2004) y *Atavío y puñal* (Zaragoza, Olifante, 2012), así como las plaquettes *El ángel de la ira* (Zamora, Lucerna, 1999) y *Pasión vertical* (Barcelona, Café Central, 2007).

Han sido editadas varias antologías de su obra: *Libro del arrebato* (Plasencia, Alcancía, 2005), *Materia reservada* (prólogo y selección de Luis Enrique Belmonte, Caracas, El perro y la rana, Publicaciones del Ministerio de Cultura de Venezuela, 2007) y *Segunda mudanza* (prólogo de Marco Antonio Campos y selección de Miguel Ángel Flores, México, UAM, 2012). Acaba de ser publicada en Quito su antología *Mecánica y pasión de los objetos* junto con Natasha Salguero (El Ángel Editor).

Poemas suyos están traducidos a diversos idiomas (gallego, inglés, francés, italiano, neerlandés y armenio). Ha obtenido varios premios en su país y ha sido jurado de numerosos premios literarios.

PERRILLA Y OTROS POEMAS (SELECCIÓN)

Kenia Cano

A Fernando, Tamara y Teo por el misterio.

LAS AVES DE ESTE DÍA

En el centro del mundo hay un laurel
y desde ahí los pájaros desploman
despuntan   anuncian la caída
el canto en cada ojo
cubren   ensanchan   abren sus alas

Con su hora cruel y en punto
empluman cada uno de nuestros deseos
también las alas se ajustan al cuerpo para caer
como la palabra *hubiera*

En el centro del mundo hay un laurel
y desde ahí los pájaros
nos miran   abatirnos   movernos

Presencia
la plaza abierta
nuestros cuerpos son el mensaje de que algo hacemos bien

El centro del mundo gira perplejo
por cada palabra
que salió de la boca sin sentido

> *Crece la hierba al fondo del jardín*
> *lo que no se ve sigue intacto*   *preciso*
> *igual el camino de hormigas no escuchado*
> *el rayo de luz sobre las hojas*

En el centro del mundo hay un laurel
y desde ahí sus pájaros nos guardan el misterio
con qué indiferencia miran y se posan
con lo que recuerdan de la noche insomne
zanate   *sáname*   *sánanos*

¿Por qué tantos pájaros han muerto?
Son aquellos que no pudieron volar desde esta boca
Muertos en los trenes
muertos bajo el río
pájaros debajo de las piedras

Bajo la sombra que proyecta el laurel
          los novios se pasean
inician el amor   alas apenas
y el dolor bajo la planta de los pies

Erguido el grito del ave en esa rama
          promesa   perdón
el amor fiel a sí mismo entre la zarza

          "Llegado al monte de Dios   Horeb
          se le apareció el ángel de Yavé en llama de fuego
          de en medio de una zarza
          Veía Moisés que la zarza ardía y no se consumía
          y se dijo:
          voy a ver qué gran visión es ésta
          y por qué no se consume la zarza"

Por todos los que se han devuelto a ti por fuego
a tus ojos un crepitar silencioso
por los caídos en calles bombardeadas
palabras de un dios radiante
por Francesca de Rimini
por el trabajo entre lenguas de fuego

          en cada minuto llameante
               participame   adéntrame en tu flama

En el centro del mundo hay un laurel
y ahí los pájaros se pasman
ensordecen   se vacían   se rechazan
hieren e imitan el zumbido de las moscas

Estériles pájaros   rotos   solos
colgados de su nombre
de su manera de mover las alas
con su forma particular y auténtica
de echarse en el vacío

Éstos son los pájaros
no responden al vuelo de la tarde
son un letrero de novios que ya no se aman en el árbol

laurel

Una palabra que lanza y detiene a la vez su movimiento
concentrada   cautiva en su forma
cada vez que alguien la pronuncia
                  se libera
ofrece al cielo lo que recibe de la tierra

Del laurel penden todas las lenguas
palabras colgadas como los hombres por hilos invisibles
Movidas por nuestros deseos se balancean limpias
unas junto a otras se mecen sin tocarse
sin producir imágenes
Se mueven en tiempos muy distintos
no responden al aire sino a la respiración:

      Si los amantes prometen otra vez
      cada palabra dicha se agita bajo la sombra
      Si el médico decreta enfermedad
      la palabra supura desde el árbol
      Si el niño señala con un dedo
      y de su boca vuela una mariposa
      la palabra desde el laurel abre y cierra sus alas
      iniciando una plegaria:

danaus chrysippus

catocala nupta
levana

elévanos

¿Será que alguien nos mira pasar
como una sola hormiga?

Camina sobre el árbol
un movimiento vacilante   incierto
al final de la vara inclina la cabeza

Las hormigas que ocupan esta boca
construyen galerías de palabras
mientras un lenguaje muerto las guía

En la rueda del cuerpo de este mundo
lo que no fue piel abierta   aceptación   florecimiento
es hoy una voz ofrendada por los ancestros:

amantes   artesanos de barro   perdónanos

por los días en que no vimos tu gesto en el amado
por las horas en que nuestro cuerpo fue un templo sin luz
recógenos en tu palabra para ser de vuelta niños

Este laurel no se llama ni se nombra a sí mismo

río disgregado

días que siguen su curso abandonando el cuerpo
los cuerpos que hemos podido ser

No habla de sí con un lenguaje
de esporas invisible:

Cúbrete bajo mi sombra
camina sobre mis ramas   *vierte el agua Señor*

El río que desciende al lago
carga a la mujer adúltera
vaga por fin húmeda
su cuerpo abierto acariciando el agua
saciado el último deseo
Cuántos ríos en el laurel
cuántas mujeres llevadas por el agua

Estas son las aves que entregan su canto
para presentar el día
y de sus mil caras un gesto que nos vierta
y nos talle la historia en cada ilíaco

¿Cómo amanece el laurel si amanece?
¿Cómo lo cubre la luz?

Ofrenda que ilumina a los hombres
sube el sol
el canto sigue ahí
        pero ciertos pájaros han muerto

Parece ser el mismo
mas un nuevo aleteo despierta los oídos:

De prisa dijo el pájaro
y el hombre se levantó al llamado

En el centro del mundo los pájaros confían
celebran si nos vemos
si crecemos en el abrazo del otro
si la edad se cumple en cada niño
si la voz del vendedor llega a casa
con un pescado entre las manos

si las manos vacías del que ha matado
y pregunta   por qué yo
se unen de vuelta en oración

      Señor   *que no caiga ninguna de nuestras aves hoy*

Los ríos que aprendieron a amar los hombres
todos en el mismo árbol:

El agua del Éufrates que tomó entre sus manos
para comprender qué era la poesía
el Támesis que vio tantas veces llorar al hombre en sus orillas
el agua del Rodeo bajando con aquel perro hinchado
como una palabra que entonces no comprendía
Ella sobre una rama en el río picada por las hormigas
ve la muerte pasar mientras su amiga ríe desde una piedra
Aquel río que antes fue pequeño
hoy es una tarde inmensa
abierta en cada una de sus letras
Su amiga está muerta y ella camina bajo laureles
que mojan estas palabras

No es el árbol que miro cuando digo

               laurel

es la palabra
dos sílabas que se hunden
mientras vuelven al punto de partida
nacer   hundir   meterse
entrar en la piel de los otros
antes de inclinar los párpados

Todo comienza donde se cierran los ojos

La res estaba en medio del camino.

Sonido de cientos de gusanos satisfechos
arrastrándose en la tierra quemada por el hombre,
el hombre ensimismado y disperso.

La piel seca queriendo untarse a la tierra
hundida y áspera.

Cavernas llenas de moscas de la anunciación.
Saldrían los nuevos brotes sobre los cuernos.

Algunos huesos todavía unidos por la carne,
hasta que el rayo constante despegue,
hasta que su calor desteja lo que el designio ha logrado.

Era su nueva voluntad.

  ¿Sobrecogido?
  Virgilio te contó de las bondades de aquella pestilencia:
  …Y saldrían las abejas de las entrañas caducas del animal

¿Aspiró la podredumbre para escuchar el zumbido?

Cientos de larvas salieron a la superficie,
como el ruido de los hombres distraídos
lanzados a deberes finitos y sin redención.

Desde esa media luna ósea esta noche podrán apreciarse las estrellas,
será en esta ciudad tomada por dioses menores
donde algunos aún confían en la restauración.

Escucho el interior de ciertas casas vacías,
la respiración pausada que no tuvieron los antiguos habitantes,
el temblor en las ventanas,
el aire que se cuela por las rajaduras de los vidrios rotos.
Y aunque el calor entra por mi oído derecho,
no tiene sonido el sol.

Escucho el interior de la caja torácica del pájaro.

Me abro lentamente al sonido que hace el cardo
cuando brota por primera vez desde la grieta,
la salida de sus primeras espinas.

No es un sonido agresivo, sólo memoria y protección
de la estrella en el terreno baldío.

Amo los terrenos baldíos, sus cambios sutiles a lo largo de un año:
La eterna acumulación de nidos de araña y ardillas.
Escucho el interior de la tierra bajo la ceniza,
su decir oscuro y generoso.

Escucho lo que responde la piedra a la inscripción
que ha dejado la uña del tiempo,
tal vez un niño o un hombre
ha trazado en su lomo un problema matemático;
tocará el centro de la roca multiplicando los ecos
mientras toda la materia escucha:

Escucho el seco rozar en el pelambre del animal,
las partículas de polvo que sacude como gotas sobre la charca seca,
sobre la sed de la tierra.

Escucho el sonido del hueso más pequeño del cuerpo,
su música vibratoria,
su forma de frenar las voces desbocadas del exterior.

Dicen, susurran, que hay mal afuera,
que ha habido inconformidad,
que se salieron las cosas de las manos,
que todos querían tomar a manos llenas.

Dicen, que hay demasiada gente triste.
Otros quisieran regresar, negar el primer encargo.
Ellos también tienen miedo,
no saben cómo llegaron allí,
hay doctores, cantantes, náufragos.

Dicen los que están del otro lado
que no saben cómo volver,
dudan del equilibrio de sus propios huesos.

Hay quienes se ocultan durante el día en estas casas vacías,
el eco no los deja dormir.
Quieren volver y nadie los reconoce detrás de los pómulos alzados,
la madre primera no ve el gesto.

Sonido reparador restáuranos,
entréganos a la apertura de la primera estrella:
Fulgurante coincidencia en nuestro cuerpo que parecía baldío.

Me persigues mientras sigues madurando nísperos
y tus hijos siguen dispersando huesos.

Me persigues en una mañana
donde la neblina cubre las azoteas
y dispersa a su vez los sueños aún no dañados de los niños.
Nadie dispersa tu buena voluntad.

Cuando un verdor opaco toca nuestro corazón,
tú te despiertas con la sabiduría de la flor de manzanilla,
ese bosque de soles levanta hasta el andar más pesado de la hormiga.

¿Por qué tan rápido nos escondemos,
si tú, el eterno dichoso, nos persigues?

¿Quién ha levantado casas vacías?

Mi cuerpo es un vacío levantado.

Nos persigues y el agua sigue reproduciendo tus imágenes.
Hay más de un solo árbol, un centro desdoblado.
Mi corazón y el de él.

El todo dichoso atraviesa las manos de aquellos
que forman una cruz de pericón,
también los oídos de los que se aman a través de su música.
Atraviesa los baños cálidos de los recién nacidos y
el color azul de los golpes que aparecen sobre la piel.
Atraviesa la forma más variada de panes y la textura de la nata,
la curiosidad de las niñas antes de dar su primer beso.

Si hay dicha en ti,
¿Cómo puedo a veces sentirme tan oscura?
Deseo ocultarme detrás de lo que sólo tú puedes ver.
A veces un deseo de dispersión me supera
y sólo te encuentro en mi respiración.

Respiro para que atravieses el oído de mi hermano preso,
para que completes los órganos del niño en el vientre,
para que los que desean pasar sobre el fuego lo hagan sin alterar tu
sonido.

¿Respiro o me respiras?
¿Verdad que no hay persecución?

Tu templo está formado por cientos de cuerpos,
dados sí para la eterna luz.

La madre cose los libros,
el padre enhebra los hilos,
la hija, con hilos de aire, repara una colmena.

Que la luz tenía que venir desde el hueso|
pero no era el hueso, era el ilíaco,
ése que daría paso a la transfiguración.

¿Y cuál es tu deseo profundo?

El día soltó el agua sobre los retoños,
sobre las rocas de un camino que se dirige
a ningún lado y en ningún lado el agua se colaba
dando visión a los ciegos,
confianza a los incrédulos,
aceptación.

¿Amarían entonces su vida?
¿A dónde vas?
A ningún lado.

Y ahí todo se alineaba:
las pláticas infructuosas,
el disgusto de los amantes,
la palabra,
la gracia de los órganos,
Tu gesto.

La inclinación de la cabeza frente al hermano,
la mano sobre la frente del niño asustado,
la boca a punto de besar pues sabe que no son suyos los labios
ni tiene la soberanía sobre los músculos ni la tensión del aire
ni la soltura en la intención.

¿Qué escribes?

Nada

¿Para contestar qué?

Nada

Dicen: tu deseo profundo es tu destino.

          Ahora

Se ordenan las espirales desde el antiguo lugar de paz:

Se alinea la voz de la madre
con el dictado fuerte del corazón,
el deseo del padre, el mudo,
el que no cabe en dos manos,
el de la respiración agitada,
el que sólo exhala.

          ¿Qué inhalas?

          Nada

Nada interrumpe la luz que siento en mi frente,
nada el calor que sueltas cuando deja de llover.

Los animales mansos con su pelaje mojado,
empapadas las pezuñas,
húmedas las orejas,
braman, mugen, cantan…

          ¿Para qué?

          Para nada.

Pastarán

Pastarán los animales mansos sobre mi cuerpo
y mis fuerzas habrán cumplido
y habrá valido aquello que vieron ya los ojos:

Pastarán los animales mansos sobre mi cuerpo
y habré dejado de querer interpretarlos.

Pastarán y mi cuerpo se devolverá a la hierba
para recuperar su inocencia.

Habré dejado de reprocharme tantas cosas:
no contar las sílabas exactas,
la injusta proporción en el poema.

Pastarán las bestias y los otros,
mis congéneres,
seguirán cumpliendo la tarea puntual:
reparar los puentes
recibir los últimos alientos.

Mi cuerpo vuelto a la horizontal,
mi carne como un legado para las hormigas.

Pero no será mi cuerpo
sino el nuestro,
nuestro cadáver compartido,
la alianza final en la que sí hablaremos,
el polvo generoso de las uniones,
el lenguaje cumplido de las larvas.

No habrá sido inútil amarnos de algún modo,
el imperfecto,
el punto en que no comunican nada los zanates
y el colibrí se pasma de igual modo

frente a la flor que no desea comprender.

Pastarán animales mansos sobre mi cuerpo
y no sabré si ciervo, vaca o buey
salivarán mis células,
rumiantes mis últimas palabras
rozarán su paladar puro al fin,
la cúspide de aquello que deseé haber dicho.

Desde este silencio honraré la lucidez de Virginia,
el templo cerrado del ermita, pero más.

Me importa la devoción del hombre
puesto como una rama para sus hermanos sin alas,
el equilibrio que gana aquel que duda,
el gozo de los niños que todavía no pierden.

No habré prometido eternidad y aún las bestias
se nutrirán de mí,
nosotros,
de aquella mujer llevada y seca ya en el río.

PERRILLA

Hay algo que no quiero ver pero es pequeño

Tengo una perrilla en el ojo izquierdo
y como cuenta el refrán popular
vi perros copulando:
el macho quería alcanzarla
con esa cosa incómoda   roja   al descubierto
queriéndola tocar

El perro abraza a la perra por la cintura
con sus dos patas traseras apenas guardando el equilibrio
como nosotros tratando de guardar la calma siempre
frente a todo lo que nos duele ver

El perro con sus ganas y yo con las mías

Tener una perrilla en el ojo
podría querer decir:

No seré más la perra que acostumbro
o esta perra vida arrastra a quien se deja

Mi suegro esta vez tocó la orilla de vuelta
su corazón late normalmente
como un prodigioso milagro seguirá cocinando
con esas manos grandes
como lo más hermoso que heredó a mi marido
ése al que le duele el corazón

Tengo una perrilla en el ojo
no me deja ver con claridad

Mi prima menor estuvo a punto

entramos a la sala 19 de oncología

yo no sé nada   pero algo huele mal
ahí como un testigo callado

los ríos que siguen caminando   callados   llegan al mar

con qué silencio

La vida se desdobla frente a mis ojos
y yo tengo una perrilla   perra suerte
la vida no es cuestión de suerte ¿o si?

Los perros copulan en conjunto
nunca un solo perro
o un perro solo cogiéndose a la perra
hay cuatro o cinco y la perra queriéndose escapar
¿Por qué no goza?
¿Será como eso que dicen de que no nos permitimos la felicidad?

Mi suegro hace los camarones con coco más deliciosos

Fue en una cena anterior cuando me reconcilié con sus manos
Filete Wellington   con su chimenea y todo
¿Cómo habrán sus manos tomado el rollo completo
envolviendo esa carne jugosa roja   llena de vida
gracias a una vaca muerta?

Hay una vaca muerta reposando en la hierba
gusanos de este mundo deleitándose
hormigas iniciando caminos

La vaca viva esta vez para darnos gozo
en este filete envuelto en pasta hojaldrada
odiaba al hombre que no podía coger el sartén por el mango
su debilidad era la mía

era como verme bajo un árbol hermoso al que todos subirían

menos yo   porque era gorda

Debe ser por su padre   el padre atado a las faldas de su madre
qué tonta   odiaba aquel cuerpo gordo
también veía mi debilidad en él
tanta grasa acumulada cubriendo algún dolor
un día en que el padre no estuvo y la madre hizo una mala jugada
contigo   conmigo   con nosotros
haciéndonos sentir culpables por algo que no habíamos hecho todavía

Ya estoy tocando el punto de la abuela y
así todo podría estar suelto pero no
sueño con mi abuela gorda   está muriendo
tanta delgadez me espanta
sus ojos más grandes y oscuros
como el café que tantas veces bebimos juntas

No te mueras   qué voy a hacer

Quedarte con tu silencio menor

Mi suegro   mi abuela   y yo
cocinamos para día de muertos *mucbi* pollo
un guiso con manteca   cerdo   pollo y achiote
batimos la masa con todas nuestras manos
seis gordas manos hundiéndose en el maíz molido
sin hacernos preguntas   sin mirarnos a los ojos
sin saber que la muerte estaba ahí

Pulpa y semillas pintando nuestros dedos
hojas de plátano quemadas

¿Quién quema las sábanas de enfermos virulentos?

Estábamos en la cocina soleada y
ahora en estos pasillos de hospital
llenos de desechos que dan náusea

La noche fue condescendiente

Tengo una perrilla en el ojo y mi hermana está por parir
su tercer hijo me duele un poco
pero no tiene que ver conmigo
tal vez algo en mi trompa izquierda de falopio no ande bien

Mi perra   perrita egoísta   dolorosa

¿No entiendes de qué se trata esta vida?

La perra no llora   su cuerpo se encorva
el perro otra vez haciendo de las suyas
así la vida satisface sus deseos
con planes magníficos para todos

          Buenas noticias   el lunar es sólo un lunar

La muerte nos está rondando
de prisa despierten   háblenle bien pero que no se interese
ofrézcanle el guiso pero que se lo lleve en hoja de plátano

Tengo una perrilla en el ojo
quizá esté muerta

¿Cómo me quito este cadáver?

Un conejo asustado, mayormente

Un conejo bajo las sábanas.
El conejo ha menstruado   ¿Es coneja?
Nunca he sabido distinguirlos.

Tuvimos un criadero de conejos,
recuerdo algunos ojos saltones como los de mi madre.

Alguien amenazó a un conejo en mi recámara.
No había suficiente luz.

> Su pelaje es suave, blanco, como bombones en un cereal,
> común y repetido.

Soy un conejo asustado, casi, mayormente.

Acariciarles el estómago,
¿Quién dijo que esperaban tu cariño?

Aquella tarde sí
¿A cuántos salvamos?
¿Cuántos murieron por nuestro descuido?

Salían a comer lechugas sembradas por mi madre:
Siete, nueve, números impares,
como lo que pienso acerca de mí.

Ella levantó la sábana: un conejo.

Un conejo guardado en la garganta.
Habrá que hacerle una disección.
Es común que sean los prestados.

¿Qué hizo con el primer conejo rígido?

¿Nos ayudó a enterrarlo?

Quisiera ya no tener miedo,
            deberás entonces imaginar:

¿Quién sembró este conejo para que brille la pradera?
¿Quién con su luz omnisciente entibió su sangre?
¿Quién le dio diez razones para seguir moviéndose?
¿Quién acompasó su respiración cuando la hierba se inclinaba?
¿Quién dibujó un halo certero sobre su cabeza?
¿Quién hizo que la niña lo cargara y pensara que nunca iba a morir?
¿Quién acercó su nariz y sintió un temblor sereno?
¿Quién señaló la sombra del conejo

            cuando había desaparecido?

SU CUELLO Y LA JIRAFA O RECUERDO DE UN GRABADO

DE UTAMARO

Reescribir Ciudad Juárez desde lo poco interesante.
Negar el acontecimiento.
Se puede como dice Nietzche trabajar el pasado desde aquí.

Cuellos de jirafa. Un grupo de poetas (sin adjetivos) se detuvo a mirar
un grupo de *giraffas camelopardalis* del orden de los artiodáctilos.

Nada parecido al cuello de esa prostituta
con el suéter tejido y transparente.
Ella colocó la mano sobre su hombro.
Se miraron largamente sin pronunciar palabra.
Ninguna de las dos sabía lo que iba a suceder en el cuarto contiguo.

Extrañados acariciaron la piel manchada.
Informe caligrafía de un dios cuya creatividad no acaba.
Ese cuello será rediseñado. Jugaremos a la eternidad un rato:
las manchas nunca se tocan, son perfectas en el abismo que las separa.

La sábana tiene dibujos animados,
quizá sean los imprecisos episodios del llanero solitario

¿Sabía que se desnudaría en la oscuridad
bajo las manos de alguien más que nunca aceptaría?

Agencias de viaje piden a los turistas que no salgan de noche del hotel

No bailaron con la rockola,
no encontraron aquella que buscaban,
la versión de Nat King Cole:
Siemprrre que te preguuuntou, que cóoomo,
cuáaando y dóndeii, tú sóoolo me respondeeis,
quizás, quizás, quizás.

Quizás sean herbívoros atraídos por alguna idea más alta de cielo.
Libres, no pueden vivir bajo techo.
¿Se compadecen de sí mismos alguna vez?
Los poetas acariciaron a las jóvenes jirafas.
Aquel con la lengua bífida
también el cuello de la jirafa,
tu propio cuello buscando cielos.

No buscas multiplicar los techos. No quisiste encender la luz.
No puso la mano en su hombro, estaba quieta, estuvo quieta siempre,
como esa jirafa que masca hierba serenamente.

Fuera de servicio, descansa, espera que nos den un cuarto.

No hay una virgen a la entrada de esta casa.
No hay botas bajo la cortina de este cuarto,
no escuchamos gemidos, no corre la gente mientras...

    Decapitaron a una joven en alguna parte del desierto

    (¿Puede una hoja concebirse sin violencia?)

No había jirafas.
El grupo de escritores nunca se dio cita en el zoológico.
Sabía por supuesto que iría a la casa de citas.

Hoy tengo una posibilidad,
entre la cantidad infinita de manchas
encontraré un mensaje.

¿Tiene esto solución?

Acerca de este cuarto oscuro nunca voy a escribir
porque no lo asumo.

    Se sentó y comenzó de nuevo

La memoria da y quita realidad...

Dar cuello a la indecisión.
Por tanto aquella mujer tenía un cuello para gusto de japoneses
como aquellos que nos incitan en los grabados de Utamaro.

¿Alguna vez has pasado un rato observando el cuello de una mujer?

Tengo que describir el cuello de Ana Bertha o el de Natalie Portman.

¿El de ella qué sostenía?

Ah sí, cerrar con una fina estampa de 1788:   *Los Amantes.*
Ella nos da la espalda,
su cuello se abre a la mirada,
los dedos de él en su otro cuello
quizá ya le den cuello a este poema.

Biografía de la autora

Kenia Cano nació en México Distrito Federal y actualmente radica en Cuernavaca, Morelos. Algunos de sus libros de poemas son *Acantilado* (2000), *Oración de Pájaros* (2005), poesía y pintura de la autora, *Las Aves de Este Día* (2009) Premio Iberoamericano de Poesía Carlos Pellicer, y *Autorretrato con Animales* (2013). Forma parte de varias antologías nacionales e internacionales. Recientemente publicó en Colombia en la colección Doble Fondo, dirigida por Juan Manuel Roca. Poemas suyos han sido traducidos al francés, al inglés y al rumano. Ha expuesto obra pictórica en México, Francia y Estados Unidos. Imparte Talleres de Poesía en la Escuela de Escritores Ricardo Garibay y talleres de correspondencia entre las artes. Becaria del Sistema Nacional de Creadores de Conaculta 2010-2013. Realiza libros de artista y trabaja en comunión con otras disciplinas.

Kenia Cano

Otros títulos de Artepoética Press

Poesía

Memoria de abril
Francisco X. Fernández Naval

La mujer de la piedra
Zulema Moret

Multiplicada en mí
Juana M. Ramos

Fluir en ausencia
Daisy Novoa Vásquez

Viandante en Nueva York
Osiris Mosquea

Juegos de la Memoria / Mindgames
Nelson López Rojas

Language Rooms
Luis Luna

Me sorprendió geométrica
Yrene Santos

Trozos de azogue
Matza Maranto

Narrativa

Psicofonías del gato cuántico
Jorge Guerrero de la Torre

El tragaluz del sótano
Kianny N. Antigua

Dos
Mónica Flores Correa

Arrabal sin tango
Alfonso Ruiz de Aguirre

Veinte ejercicios narrativos y una canción
José Balza

www.artepoetica.com

Escribana Books

Libros de ensayo e investigación académica

Orientalisms of the Hispanic and Luso-Brazilian World
Araceli Tinajero (Editor)

La resistencia del ideal -ensayos Literarios 1993-2013
Toni Montesinos

www.escribanabooks.com